LAS MISIONES DE CALIFORNIA

La Misión de San Diego de Alcalá

SAM HAMILTON

TRADUCIDO POR CHRISTINA GREEN

Cavendish Square
New York

Published in 2016 by Cavendish Square Publishing, LLC
243 5th Avenue, Suite 136, New York, NY 10016

First Edition

Website: cavendishsq.com

CPSIA Compliance Information: Batch #WS14CSQ

All websites were available and accurate when this book was sent to press.

Library of Congress Cataloging-in-Publication Data

Hamilton, Sam.
Discovering Mission SHamilton, Sam.
La Misión de San Diego de Alcalá / Sam Hamilton, translated by Christina Green.
pages cm. — (Las misiones de California)
Includes index.
ISBN 978-1-5026-1152-9 (hardcover) ISBN 978-1-5026-1167-3 (paperback) ISBN 978-1-5026-1150-5 (ebook)
1. San Diego Mission—History—Juvenile literature. 2. Spanish mission buildings—California—San Diego—History—Juvenile literature. 3. Franciscans—California—San Diego—History—Juvenile literature. 4. California—History—To 1846—Juvenile literature. 5. Kamia Indians—Missions—California—San Diego—History—Juvenile literature. 6. California—History—To 1846—Juvenile literature. I. Title.

F869.S22H35 2015
979.4'985—dc23

Editorial Director, Spanish: Nathalie Beullens-Maoui
Translator: Christina Green
Editor, Spanish: Ana María García
Art Director: Jeffrey Talbot
Designer: Douglas Brooks
Photo Researcher: J8 Media
Production Manager: Jennifer Ryder-Talbot
Production Editor: David McNamara

The photographs in this book are used by permission and through the courtesy of: Cover photo by julius fekete/Shutterstock.com; Stock Connection/SuperStock, 1; Richard Cummins/Robert Harding World Imagery/Getty Images, 4; Kanan H. Jani/File:Juan Rodriguez Cabrillo at Cabrillo National Monument.jpg/Wikimedia Commons, 6; Edward S. Curtis/File:Edward S. Curtis Collection People 074.jpg/Wikimedia Commons, 8; Durova/File:Kumeyaai basket.jpg/Wikimedia Commons, 9; Courtesy of UC Berkeley, Bancroft Library, 10; © 2014 Pentacle Press, 13; RES Photo Services, 14; Photo courtesy of www.virginstamps.com, 16; © Pentacle Press, 18; omer sukru goksu/E+/iStock.com, 21; © Pentacle Press, 22; RES Photo Services, 25; akg-images/Joseph Martin/Newscom, 26; © Pentacle Press, 29; RES Photo Services, 30; Alex Covarrubias/File:Flag of Mexico.svg/Wikimedia Commons, 31; Courtesy of UC Berkeley, Bancroft Library, 32-33; Mdhennessey/File:SD restored property.png/Wikimedia Commons, 33; David Madison/Photographer's Choice/Getty Images, 34; RES Photo Services, 36; julius fekete/Shutterstock.com, 41.

Printed in the United States of America

Contenido

La Misión de San Diego de Alcalá, que comenzó en 1769, fue la primera misión en Alta California.

1
Los españoles exploran San Diego

En los alto de una colina, a aproximadamente 5 millas (8 kilómetros) del océano Pacífico, en la ciudad de San Diego, yace la Misión de San Diego de Alcalá, la primera de las veintiuna misiones españolas que se construyeron en la costa de California. Al llegar, los visitantes pueden ver la iglesia, el campanario y las paredes blancas que rodean el interior de la misión. Es un lugar repleto de historia contada por los hombres, mujeres y niños que vivieron allí.

EXPLORANDO EL NUEVO MUNDO

El interés de España en esta parte del mundo comenzó después de que Cristóbal Colón, un explorador italiano que trabajaba para el rey y la reina de España, regresara de su travesía por el mar en 1493. Había ido en busca de una ruta de navegación directa desde Europa hasta Asia y había descubierto por accidente un nuevo mundo (América del Norte, América del Sur y América Central) lleno de riquezas, personas y tierras. España, en busca de oro y especias, estaba ansiosa por explorar esta nueva área y esperaba luego poblarla y convertir a sus nativos a la religión que prevalecía por ese entonces: el catolicismo. En los años siguientes al viaje de Colón, España envió exploradores y soldados para que averiguaran todo lo que pudiesen sobre esas tierras.

Juan Rodríguez Cabrillo, a quien le rindieron homenaje con un monumento en California, dibujó mapas exhaustivos del área.

El primer explorador en seguir la ruta de Colón fue Hernán Cortés. En 1519, Cortés y sus hombres navegaron hasta lo que ahora se conoce como *México* y allí encontraron un grupo nativo grande llamado *aztecas*, a quienes vencieron en 1521. Después Cortés reivindicó la tierra de los aztecas para España y la llamó la *Nueva España*.

En 1542, fue enviado a explorar la costa oeste de América del Norte. Hasta entonces los europeos creían que California era una isla; sin embargo, los mapas exhaustivos de Cabrillo cambiarían la manera en la cual Europa veía esa parte del mundo. El nombre de *Californias* describía la tierra que es ahora el estado de California y la península que actualmente se conoce como Baja Península de México. En ese tiempo, el estado de California se llamaba *Alta* California, mientras que la *Baja* Península se conocía como Baja California.

El último de los primeros exploradores en visitar California fue Sebastián Vizcaíno, quien, junto con sus hombres, navegó en 1602 en busca de una ruta que conectara el océano Atlántico con el océano Pacífico. Mientras estaban allí, fundaron las ciudades de San Diego (anteriormente bautizada como San Miguel por Cabrillo) y Monterrey. No obstante, debido a que en ese viaje no se encontró una ruta acuática ni las riquezas buscadas, España decidió no enviar más personas. Pasarían ciento sesenta años más antes de que llegaran a California nuevos exploradores españoles.

2
Los *kumiai*

Antes de que llegaran los españoles a poblar Alta California en 1760, la población de nativos de esa tierra era grande y diversa, pero nadie sabe cuándo llegaron por primera vez a la región debido a que no existen registros escritos. Se cree que aproximadamente hace veinte mil años cruzaron un puente de tierra que existía entre Alaska y Rusia y se asentaron gradualmente en pequeños grupos, llamados *tribus*, a lo largo de toda la costa de California. Cada grupo tenía su idioma y sus creencias propias. Varias aldeas podían pertenecer a la misma tribu y en cada una de las aldeas había un líder llamado *jefe*.

Los grupos nativos que habitaban cerca de San Diego se conocían como los *kumiai*, y vivían en las aldeas cercanas al océano o al río San Diego.

LA VIDA DE LOS KUMIAI

Poco se sabe sobre la vida de los *kumiai* antes de la llegada de los españoles a la región. Los historiadores han estudiado los objetos y registros escritos por los exploradores españoles para comprender cómo vivió y funcionó el grupo.

Según esto, los *kumiai* eran personas hábiles que vivían de la tierra, fabricaban herramientas y armas y construían casas con los recursos que estaban a su alrededor. Construían *eewas*, casas en forma de domo, con corteza de árboles, matorrales y pasto. Es probable que cada una tuviese su propia área para fogatas y un orificio en su techo para que saliera el humo. De madera, piedras, pedernales y obsidianas hacían armas, como lanzas, puntas de flecha y trampas.

Los *kumiai* eran una comunidad nómada, es decir, se trasladaban de un lugar a otro para hallar alimentos durante las diferentes estaciones. Tenían la libertad de vivir la vida como les placía. Cada aldea migraba a lugares específicos en invierno y verano cuando cambiaba el clima. Vivían cerca de la tierra y permanecían en áreas donde existía una fuente abundante de alimentos naturales.

Con el tiempo desarrollaron técnicas para cosechar que se transmitieron de generación en generación. Sabían cuándo cosechar las plantas y en qué momento del ciclo de estas debían hacerlo. Los

Las casas de los *kumiai*, llamadas *eewas*, se hacían de matorrales y ramas. Aquí se observa a una mujer *kumiai* sentada delante de su casa tradicional.

Los *kumiai* tejían cestas complejas con diseños únicos, algunas de las cuales se encuentran exhibidas en el Museo del Hombre en San Diego.

hombres cazaban y pescaban. Usaban múltiples y diversos tipos de herramientas hechas a mano para cazar conejos, venados y patos, pescar y recolectar almejas. El alimento principal eran las bellotas, que podían almacenar por largos períodos y moler para hacer harinas para panes y otras comidas.

Los *kumiai* también eran diestros en la cestería con tejidos prensados. Las mujeres solían tejer cestas que utilizaban para almacenar los alimentos, cocinar y acarrear agua, además de como sombreros.

VESTIMENTA

Cuando el clima era cálido en Alta California, los hombres usaban poca o ninguna vestimenta, mientras que con temperaturas más bajas, se cubrían los hombros con **pieles** de animales para calentarse. Las mujeres vestían faldas hechas de corteza de sauce o cañas. Los hombres y mujeres llevaban el cabello largo. Algunos se adornaban con collares hechos de conchas o pulseras de cabello trenzado. A menudo, las mujeres pintaban sus rostros y cuerpos.

Los *kumiai*, conocidos por los colonos españoles como la *tribu diegueña* (representados en esta ilustración de un estudio de la frontera entre Estados Unidos y México de 1857), vieron cambios importantes en su cultura como consecuencia de su interacción con las misiones.

COMUNICACIÓN

Los *kumiai* tenían importantes vías de comunicación entre las aldeas y dentro de sus propios territorios, lo que facilitó el flujo de información de un lugar a otro. Cada tribu tenía sus mensajeros, llamados *corredores*, que entregaban mensajes rápidamente cuando era necesario. Este sistema de comunicación contribuyó a alertar a las personas en los inicios de las misiones de Alta California.

CREENCIAS Y PRÁCTICAS RELIGIOSAS

El mundo de la naturaleza era importante para los *kumiai*. Respetaban a las personas, a la tierra y a todas las criaturas del planeta. Creían en muchos dioses y espíritus. Algunos de ellos influían en la naturaleza, mientras que otros lo hacían en la vida de los humanos. Los *kumiai* dependían de los curanderos, llamados *chamanes*, para sanar a los enfermos. Se creía que estos hombres y mujeres podían sanar a las personas mediante la danza, el canto y el uso de hierbas y otros remedios.

Las ceremonias eran una parte común de la cultura *kumiai*. Se realizaban **rituales** para honrar los nacimientos, las uniones matrimoniales, las guerras, los viajes de caza y los muertos. Tanto los chicos como las chicas participaban en ceremonias de iniciación al empezar la edad adulta. La danza y el canto eran partes importantes de estas ceremonias.

Pero todo esto cambió cuando llegaron los españoles a construir la Misión de San Diego de Alcalá.

3
El sistema de misiones

Los españoles encontraron a los *kumiai* más de doscientos años después de que hubieran empezado a colonizar el Nuevo Mundo. La primera región que se colonizó fue Nueva España o lo que se conoce en la actualidad como México. Allí soldados, pobladores y líderes religiosos establecieron la Ciudad de México como su capital. Se construyeron otras ciudades más pequeñas en toda Nueva España, y no transcurrió mucho tiempo antes de que se crearan también comunidades religiosas llamadas *misiones*.

LAS PRIMERAS MISIONES

Alrededor de 1600, España deseaba cambiar la manera de relacionarse con los nativos, ya que antes los habían tratado mal y habían librando muchas guerras contra varios grupos. Con el tiempo decidieron que para tratar de mantener relaciones pacíficas con los nativos traerían religiosos, o *frailes,* de España con el fin de crear misiones en Baja California. Su meta era convertir a los nativos al cristianismo y enseñarles las tradiciones, costumbres y religión españolas. Después de aceptar el cristianismo, los nativos aprenderían a vivir como en España, convirtiéndose así en ciudadanos españoles. Este incremento poblacional ayudaría a España a ampliar su imperio.

Se pensó que después de aproximadamente diez años, las misiones pasarían a manos de los nativos, pero esto nunca ocurrió.

El Imperio español crecía a ritmo constante. Se construyeron muchas misiones en la Nueva España y todas eran manejadas por los frailes. A mediados del siglo XVIII, el rey de España, Carlos III, se enteró de que tropas rusas e inglesas estaban construyendo fuertes en Alta California, lo que le preocupó, ya que quería que toda California perteneciera a España. Fue entonces cuando decidió enviar grupos de soldados y curas a Alta California para construir una cadena de misiones y *presidios,* o fuertes, con el fin de expandir el Imperio español.

La persona que lideraba estas misiones era un misionero prometedor de cincuenta y cinco años de edad de Mallorca, España: fray Junípero Serra. Tuvo un éxito importante en la conversión de nativos y en la conducción de las misiones de Baja California. Fue esta experiencia

Las Misiones, los Presidios y los Pueblos históricos de California

Los frailes, que construyeron veintiuna misiones y cuatro presidios a lo largo de la costa de California, trajeron consigo una cultura y unas tradiciones que aún hoy son una influencia en la actual California.

la que hizo que fray Serra fuese nombrado presidente fundador de las misiones de Alta California y se le encomendase también la tarea de encontrar lugares ideales para construir las misiones; se aventuró al norte, hacia Alta California, con el explorador y soldado Capitán Gaspar de Portolá para fundar la primera misión, San Diego de Alcalá, en 1769.

Fray Junípero Serra lideró una expedición para fundar la Misión de San Diego en 1769. Es recordado como el padre de las misiones de California.

4

Fundación de la Misión de San Diego de Alcalá

A principios de 1769, el Gobierno español envió cinco expediciones desde Nueva España a Alta California para fundar la primera misión y el primer *presidio,* así como para buscar la ciudad de Monterrey. Tres embarcaciones zarparon hacia el norte y navegaron a lo largo de la costa de California, mientras que se enviaron dos expediciones por tierra, una liderada por fray Serra y Portolá, por el terreno desértico y rocoso de Baja California. Todos los grupos expedicionarios se iban a encontrar en la bahía de San Diego. El Gobierno de España había dado mil dólares en moneda española, o pesetas, a los frailes que se unieran a fray Serra en dicha expedición. El dinero servía para comprar suministros para la Misión de San Diego de Alcalá y las campanas de la iglesia.

LA TRAVESÍA AL NORTE

La travesía al norte fue difícil para todos. Cuando se inició, fray Serra tenía casi cincuenta y seis años y problemas en una pierna por una lesión que se había hecho antes. Nunca había viajado a Alta California y dependía de la guía y protección de los soldados. Para empeorar el asunto, el camino para atravesar Nueva España era polvoriento y el sol golpeaba a los viajeros. Siempre existía

Gaspar de Portolá era un soldado y explorador. Hoy es recordado en este sello español.

la preocupación de que los grupos nativos del área atacaran; Serra y los otros temían que los nativos se enojaran porque estaban entrando extraños en su territorio. Por ello, los soldados usaban chaquetas de cuero para protegerse de las flechas. Sin embargo, durante el viaje fray Serra y Portolá no encontraron casi oposición de parte de los grupos nativos.

La expedición de Serra y Portolá alcanzó la bahía de San Diego el 1 de julio de 1769. Dos de las embarcaciones ya habían llegado, mientras que la otra, la de *San José,* se había perdido en el mar. De los 226 navegantes que salieron de Nueva España, solo la mitad llegó viva a California. Muchos lo hicieron enfermos o murieron de escorbuto, una enfermedad causada por una dieta sin frutas ni vegetales con vitamina C.

FUNDACIÓN DE LA MISIÓN

Tan pronto llegó la expedición, fray Serra supo que era el lugar adecuado para construir la primera misión. En la cercanía había una colina, bautizada posteriormente como *Presidio Hill,* que daba a la bahía de San Diego. El área estaba también cerca de una aldea de *kumiai*. De acuerdo con los registros de fray Serra, al principio los nativos trataron a los recién llegados con «buena voluntad».

Los hombres que estaban suficientemente bien como para trabajar comenzaron a levantar una capilla provisional y otras viviendas en la cima de la colina. Recolectaron matorrales para construir refugios. Los españoles esperaban que, con el tiempo, los nativos les ayudaran a construir edificaciones permanentes más fuertes una vez que entendieran que la misión estaba allí para quedarse.

Fray Serra puso el nombre de San Diego a la misión por una costumbre española de dar a las misiones el nombre del santo cuyo día festivo fuese el más cercano a la fecha de la llegada. Los misioneros hicieron un *altar*, mesa que se usaba para hacer ofrendas a Dios. El 16 de julio de 1769, fray Serra celebró una *misa*, servicio de la Iglesia católica, y dedicó la Misión de San Diego de Alcalá a Dios y al Imperio español. Este fue el primer asentamiento europeo en el sur de California.

PARTICIPACIÓN DE LOS KUMIAI

Las relaciones con los *kumiai* se desarrollaron lentamente con el tiempo. Al principio, tenían curiosidad por conocer a los españoles y el trabajo que estaban haciendo en su tierra, pero al poco tiempo, cuando comenzó la construcción de la misión, se inquietaron. Cuando fray Serra llegó, muchos de sus hombres estaban enfermos y, por consiguiente, debilitados, lo que facilitó que los *kumiai* observaran a los viajeros y luego asaltaran la zona. Durante las primeras semanas después de la llegada de Serra, los *kumiai* tomaron trozos de las velas y cuerdas de las embarcaciones de los soldados y también artículos como telas y herramientas, pero dejaron la poca comida que había porque pensaron que eso era lo que había enfermado a los viajeros. El 12 de agosto se inició una batalla de dos días entre los *kumiai* y los soldados españoles. Debido a la disparidad entre sus armas y las pistolas de los españoles, los *kumiai* decidieron tolerar a los españoles en lugar de combatirlos.

Los españoles tenían muchas herramientas, telas y baratijas que eran desconocidas para los *kumiai*, por lo que los soldados y los misioneros las usaron para atraerlos a la misión. Los *kumiai* observaron cómo los españoles rápidamente talaron árboles usando hachas y sierras de metal; algunos de ellos deseaban probar esas herramientas y se ofrecieron para ayudar. Una vez que los nativos empezaron a colaborar, los españoles trataron de involucrarlos en la construcción de la misión y el presidio, que se realizó en 1771. Los frailes les hablaron del cristianismo. Algunos escucharon y fueron bautizados, pero otros rehusaron tener algo que ver con ese dios.

Después de construir refugios provisionales, fray Serra continuó hacia Monterrey para fundar la segunda misión. Dejó a los frailes Luis Jaymé y Vicente Fuster a cargo de la construcción y supervisión de las operaciones de la misión en San Diego hasta su regreso.

Muchos hombres, mujeres y niños nativos ayudaron a construir las veintiuna misiones.

5
Los primeros días de la misión

Los primeros cinco años en la Misión de San Diego de Alcalá fueron difíciles para los misioneros y los soldados. Necesitaban ayuda de los *neófitos*, o nativos recién conversos, para construir sus estructuras y ayudar a poblar la misión, pero se enfrentaron a muchos desafíos.

DIFICULTADES ENCONTRADAS

Muchos *kumiai* fueron reacios a unirse al sistema de misiones. Durante los primeros dos años no se convirtió ningún *kumiai*. No comprendían por qué los españoles habían llegado a sus tierras y habían traído sus tradiciones extrañas.

En 1771, fray Jaymé y fray Fuster decidieron salir a buscar conversos para la misión, para lo cual viajaron a las aldeas nativas cercanas y al interior más apartado y hablaron con muchos nativos. Su acercamiento perturbó a un buen número de comunidades nativas. Muchos toleraron la presencia de extraños e incluso negociaron con ellos, pero lo que no deseaban era que les inculcaran a la fuerza las creencias cristianas. Otro acontecimiento perjudicó aún más los intentos de los frailes.

En octubre de 1771, unos soldados del presidio hirieron a la esposa de uno de los jefes de los nativos (llamados *Kwaipai*), lo que hizo que estos atacaran a los soldados; como resultado, algunos nativos fueron asesinados, incluyendo el *Kwaipai*. Estas acciones molestaron a los *kumiai* y muchos rehusaron escuchar a los curas.

Al principio fue difícil para los frailes comunicarse con ellos, lo que dificultó la conversión de los nativos. Cuanto más los atendían los curas, más se irritaban. Sin embargo, algunos *kumiai* creyeron que los frailes eran chamanes poderosos y decidieron convertirse en neófitos. En 1774, hubo menos de cien conversos; por ello, y debido a que era difícil hallar allí agua y un suelo fértil para sembrar, se decidió mover la misión a seis millas.

Una vez que la misión se había cambiado, los curas retomaron sus esfuerzos para convertir a los *kumiai*. Entre julio y septiembre de 1775, más de cuatrocientos nativos fueron bautizados, lo que incluyó líderes. Algunos historiadores creen que el aumento del número de neófitos no fue por voluntad, sino que los españoles forzaron a muchos nativos a convertirse al cristianismo.

CONSTRUCCIÓN DE LA MISIÓN

Aquellos a quienes les encomendaron la tarea de la construcción real recolectaban los materiales que eran necesarios para hacer que las estructuras fuesen permanentes en ambos lugares donde estaba la misión. Recogían madera para hacer las fundaciones, talaban muchos árboles y luego los cortaban en tablones y postes para usarlos como soportes de las edificaciones. Usaron carretas, pequeños *carruajes* de madera tirados por bueyes, para mover la madera al lugar de la edificación. La misión se construiría en forma **cuadrada**, lo que se llama un *patio interior*. Casi todas las misiones construidas después de la Misión de San Diego de Alcalá siguieron este diseño.

A continuación, los trabajadores hicieron ladrillos de **adobe** para las paredes. Los misioneros les enseñaron, incluyendo a mujeres y niños *kumiai*, a mezclar arcilla, agua y paja para hacer el adobe. Empacaban

En la misión las estructuras permanentes se construyeron con ladrillos de adobe.

la mezcla en moldes de madera, que luego se retiraban una vez que se formaban los ladrillos, los cuales se dejaban secar al sol para luego usarlos para luego usarlos en la construcción de las paredes. Se colocaba lodo entre los ladrillos para erigirlas. Hacían los techos con cañas tejidas y ramas de árboles. Fue en 1784 cuando se terminaron todas las edificaciones de la misión.

SE AVECINA CONFLICTO

A medida que pasaron los meses, muchos nativos de California continuaron sintiéndose ofendidos por cómo eran tratados por los españoles. Los soldados abusaban de ellos y tomaban sus tierras. Se vieron afectados por enfermedades, como la viruela y el sarampión, que habían traído los europeos, y, además, los frailes trataron de cambiar sus creencias. Pronto los *kumiai* decidieron combatirlos. A finales de 1775, se propagó entre la población de nativos el rumor sobre una revuelta planificada, y fue solo cuestión de tiempo para que atacaran.

Temprano, en la mañana del 5 de noviembre de 1775, los *kumiai* se unieron a otras tribus nativas e irrumpieron en la misión. Las *vestiduras*, vestimenta especial usada en ceremonias religiosas, y otros artículos religiosos fueron robados de la iglesia, y las edificaciones de la misión, incendiadas. En medio de la batalla, fray Jaymé fue alcanzado por flechas y golpeado, lo que le produjo su muerte. Un herrero español y un carpintero de la misión también murieron. Debido a que la misión se había mudado, solo había once soldados viviendo allí. Los que estaban en el presidio se encontraban muy lejos y no pudieron llegar a tiempo para ayudar. Cuando aparecieron más soldados, la batalla se había acabado.

En ese momento fray Serra, quien en ese momento estaba en la Misión de San Carlos Borromeo del Río Carmelo, pero cuando recibió noticias de este ataque, escribió a funcionarios gubernamentales de Nueva España pidiendo misericordia para los nativos involucrados. El castigo a nativos desaceleró el avance de los frailes en la misión. El Gobierno de Nueva España aceptó la solicitud de Serra, pero la hostilidad entre los frailes y los *kumiai* continuó durante varios meses.

Los nativos se resintieron del trato que les habían dado en la misión y tomaron represalias contra los frailes y soldados, asesinando a Fray Jaymé, quien se convirtió en el primer mártir de California.

6
La vida diaria

Cuando disminuyeron las tensiones entre los nativos y los misioneros, se inició la reconstrucción de la misión. Se reemplazaron los techos con tejas de arcilla, que podían resistir mejor el fuego. Se crearon más edificaciones y se unieron más neófitos. No transcurrió mucho tiempo antes de que la misión comenzara a tener éxito.

LA VIDA EN LA MISIÓN DE SAN DIEGO DE ALCALÁ

Los soldados y frailes de la Misión de San Diego de Alcalá tuvieron que adaptarse a un nuevo ambiente, un nuevo clima y al aislamiento de estar lejos de casa y sus familias. La vida de la misión no brindaba muchas comodidades. Las viviendas eran rústicas, con pisos de tierra, las mantas estaban hechas de lana cruda y ordinaria y las comidas eran, con frecuencia, sencillas.

En las primeras etapas de la misión los trabajadores españoles trabajaron juntos para limpiar las tierras, construir las edificaciones, sembrar y atender el ganado. Los soldados protegían la misión y a su gente de los ataques de colonos europeos y de los *kumiai*.

Los frailes enseñaban a los neófitos religión, agricultura, cocina, comercio, artesanías y cría de animales. A menudo, trabajaban junto con sus alumnos en los campos o talleres. También se encargaban de dar servicios religiosos y realizar bodas, funerales y bautizos.

Los frailes mantenían registros detallados de la vida en la misión para poder informar sobre sus progresos al Gobierno español. Por ejemplo, en 1797, registraron que la Misión de San Diego de Alcalá había adquirido

565 nuevos neófitos para un total de 1,400. La misión poseía 20,000 ovejas, 10,000 reses y 1,250 caballos.

VIVIENDA

A diferencia de las otras misiones de Alta California, los neófitos de la Misión de San Diego de Alcalá alternaban entre sus propias aldeas y la misión para vivir, ya que los alimentos escaseaban en esta última. No todos los neófitos venían a la misión a trabajar. Algunos se acercaban para tener más conocimientos, mientras que otros creían verdaderamente en la religión cristiana. Pero independientemente de las razones que tuviesen, todos debían ayudar con las actividades diarias.

LA VIDA DE LOS NEÓFITOS

La vida de la misión era muy diferente a la vida que los *kumiai* habían conocido antes de la llegada de los españoles. La mayoría de los días comenzaba cuando sonaban las campanas del *campanario* al amanecer, indicando que era la hora de ir a misa. El *atole,* una papilla hecha de grano o maíz, se servía en el desayuno.

Una vez que habían desayunado, se asignaban las tareas de trabajo del día. Los hombres eran enviados a trabajar en los campos, huertos o talleres. Los españoles les enseñaron a sembrar trigo, frijoles, maíz, cebada, uvas, frutas y vegetales y también los métodos europeos para criar ganado vacuno, ovino, equino, caprino y mular. En los talleres los *kumiai* aprendieron a fabricar artículos de cuero, herramientas de metal, velas, tejas y adobe. También trabajaron para reparar la misión y construir nuevas edificaciones.

Las mujeres neófitas preparaban los alimentos, hacían cestas, ropa y jabones. Los españoles les enseñaron a cocinar en hornos de ladrillo. Algunas recolectaban plantas comestibles y frutos secos cuando el tiempo lo permitía. También les enseñaron a usar telares para tejer mantas y ropas para ellas mismas, los hombres y niños neófitos, los soldados y los frailes.

Los niños también ayudaban en la misión. Por las mañanas, los frailes les enseñaban español y el cristianismo, y, por las tardes, ayudaban con quehaceres como limpiar y atender los animales.

Las campanas eran una parte importante de los rituales de la misión. Esta campana fue fundida en 1894 y aún se utiliza en la actualidad.

Al mediodía, se dejaba de trabajar para comer el almuerzo, que consistía en un *pozole,* sopa con cereales, vegetales y carne. Después del almuerzo, se tomaba una *siesta,* o período de descanso, y luego se regresaba al trabajo.

Por la noche, se cenaba y oraba. Había un período de esparcimiento antes de ir a dormir, el cual era especialmente esperado por muchos neófitos que destinaban ese rato a jugar.

En ocasiones, las fiestas rompían la monotonía de la vida rutinaria de la misión y se realizaban para matrimonios, nacimientos y otras celebraciones. A veces, los neófitos llevaban a cabo ceremonias que se caracterizaban por bailes y canciones tradicionales de su patrimonio. Muchos de los frailes permitían estos rituales para que los neófitos se mantuvieran pacíficos y continuaran su educación en el cristianismo. De hecho, se incluyeron algunas canciones y bailes en los servicios religiosos católicos.

PINTURAS

Mientras la vida en la misión seguía siendo un desafío y una fuente de educación para los *kumiai* que se unían, los frailes continuaron convirtiendo a otros al cristianismo. Una manera de lograrlo fue a través del arte. Fray Serra le pidió a uno de sus pintores favoritos, José de Páez, crear escenas realistas de las diferentes historias de la Biblia. Las piezas de arte ilustraban el cielo, lo que ayudaba a los frailes a explicar su religión a los nativos.

Las pinturas de José de Páez ilustraban las creencias cristianas para los nativos.

AGUA EN LA MISIÓN

La abundancia de agua de la misión fue importante para la supervivencia de las personas y de los animales que allí estaban. Después de una severa sequía en 1800, los frailes decidieron construir un **sistema de riego** para llevarles agua. Los neófitos y soldados construyeron un dique en el río San Diego, de donde se traía el agua hasta la misión a través de un **acueducto** a lo largo de cinco millas. Fue una tarea difícil que tomó muchas horas de trabajo. Parte del dique y del acueducto siguen intactos hoy en día.

7
Problemas y dificultades

Además de mantener horarios rigurosos y trabajar largas y extenuantes horas, los frailes, los soldados y los neófitos *kumiai* que habitaban en la misión continuaron afrontando dificultades.

CASTIGOS Y ENFERMEDADES

Muchos de los conversos, mientras vivían en la Misión de San Diego de Alcalá, sufrieron por numerosas razones. A los frailes les preocupaba que los neófitos retomaran sus antiguas costumbres y creencias si se les dejaba ir; como resultado, los neófitos que se quedaban no podían regresar a sus aldeas hasta que no fuera el momento pautado para ello. Las puertas de la misión permanecían trancadas en la noche. Si los *kumiai* trataban de escapar, los soldados los atrapaban, los traían de vuelta y a veces los golpeaban.

Algunos soldados eran muy rudos en el trato que daban a los neófitos. España tenía dificultades para encontrar hombres que se alistaran para ir a Alta California, así que enviaron prisioneros, junto con otros militares, para que fuesen soldados, algunos de los cuales golpeaban mortalmente a los hombres nativos y abusaban de las mujeres. Los frailes trataron de detener el abuso de los soldados, y alrededor de 1770, fray Serra intentó reducir el control que tenían estos sobre los neófitos, para lo cual obtuvo documentación escrita del Gobierno que establecía que los frailes eran responsables de los neófitos; sin embargo, este documento cambió poco la situación. Los curas también se ponían violentos en ocasiones y azotaban a los neófitos que no hacían sus trabajos correctamente o no los obedecían.

Los neófitos vivían y trabajaban en edificaciones frías, húmedas y en condiciones de hacinamiento que dificultaban la respiración. Muchos de los dormitorios tenían sistemas sanitarios inadecuados. Las condiciones insalubres atraían ratas e insectos que causaban la muerte de los *kumiai* y producían enfermedades. A principios del siglo XIX, se propagó una epidemia de sarampión en todo el sistema de misiones, matando y afectando a cientos de neófitos que no habían desarrollado inmunidad a esta enfermedad.

DESASTRES EN LA MISIÓN

Sobre 1800, se produjeron sequías y luego inundaciones en la misión de San Diego. Los cultivos se secaron por las sequías y los nutrientes del suelo fueron barridos por las inundaciones. Ambos fenómenos provocaron una hambruna entre los habitantes de la misión.

En 1803, un terremoto golpeó la misión y produjo daños a la iglesia, y aunque se había reparado, en 1808, otro terremoto destruyó el trabajo realizado. Finalmente, en 1813, se diseñó una nueva iglesia que fuese resistente a terremotos. Los constructores fortalecieron las paredes con contrafuertes o soportes adicionales.

ATAQUES A CURAS Y POBLADORES

Por 1811, muchos neófitos trabajaban y vivían en la Misión de San Diego de Alcalá y en el presidio, que era el hogar de soldados y pobladores civiles. Todos desempeñaban funciones diferentes. Algunos neófitos servían como peones, participaban en los asuntos de la iglesia y otros supervisaban a sus compañeros neófitos. Un hombre en particular, Nazario, cocinero, se dio a conocer por envenenar a un cura de la misión.

Los soldados eran muy rudos en el trato que daban a los neófitos. Este soldado fue excomulgado por la Iglesia por desafiar a los frailes e instigar a un neófito.

El 16 de noviembre de 1811, Nazario estaba enojado y herido después de que un fraile, fray José Pedro Panto, lo hubiera golpeado muchas veces durante varios días. Para vengarse, Nazario colocó hierbas venenosas en la sopa del fraile, lo cual lo dejó muy enfermo. Sobrevivió, pero estaba molesto porque Nazario, un hombre en quien confiaba, le había hecho eso a él. Nazario fue llevado a juicio y encarcelado en el presidio durante ocho meses. Otros nativos que trataron de hacer daño a personas en la misión y en el presidio no corrieron la misma suerte.

Cerca de 1820, nativos del lugar que no vivían en la misión asaltaban con frecuencia los establos y se llevaban los caballos, sin los que no se podía arrear al resto de los animales, lo cual provocó que se perdieran muchas reses y ovejas.

En 1826, surgieron más conflictos en el presidio. Para ese momento Nueva España, llamada ya México, había ganado su independencia de España y tomado el control de Alta California. Eso significó que los

Neófitos, frailes y soldados están enterrados en la Misión de San Diego.

soldados que habían peleado en la guerra de la Independencia de México recibieran como regalo grandes terrenos en toda la región como recompensa a sus servicios. Pero esa tierra pertenecía a los nativos, que se molestaron porque los soldados se estaban instalando en sus territorios.

Ese año los soldados mexicanos se apostaron en el presidio y participaron en algunas batallas pequeñas, llamadas *escaramuzas*, contra las tribus nativas *kumiai* matando a veintiocho personas. El conflicto obedecía principalmente a las dificultades que existían entre el Gobierno mexicano y la población nativa. Continuaron tensiones similares entre los misioneros, los soldados y los nativos, así como entre los nativos y los pobladores que vivían en ranchos y en el presidio cercano. Con el tiempo, los conflictos moldearon a las personas que habitaban en San Diego, pero una lucha de mayores dimensiones desataría más descontento cuando el mismo sistema de misiones pasó a manos del Gobierno mexicano en 1834.

8
Secularización

Después de que el Gobierno de México tomara el control de Alta California, se ejecutó un plan diferente al que habían pensado los españoles para dividir la tierra. Algunos mexicanos pensaron que los nativos estaban siendo maltratados y merecían su libertad y sus territorios, pero otros vieron las riquezas de las tierras de la misión y por avaricia quisieron apoderarse de ellas.

SECULARIZACIÓN

Sobre 1830, el Gobierno mexicano decidió secularizar las misiones dándoselas a los nativos. Originalmente, los españoles intentaron secularizarlas ellos mismos después de diez años de manejarlas, pero los frailes no lo hicieron porque pensaron que los neófitos no estaban listos para asumir la responsabilidad de dirigirlas. En agosto de 1834, la legislación de **secularización** entró en vigencia en California, y se distribuyeron las tierras, las edificaciones y el ganado de las misiones entre los neófitos, quienes eran considerados ciudadanos libres por el nuevo Gobierno. Sin embargo, para entonces, muchos nativos se habían ido de la Misión de San Diego de Alcalá con el fin de buscar trabajo en otros lugares o regresar a sus aldeas. Solo

México se convirtió en nación en 1821 y tomó el control de las tierras de las misiones.

algunos pocos frailes permanecieron en las misiones mientras muchos franciscanos retornaron a España.

Se necesitaron casi quince años para liberar todas las misiones en Alta California del control de la Iglesia católica. La mayoría de las tierras no llegaron a las manos de los nativos que habían permanecido en las misiones porque los hacendados se apropiaron de ellas o se las compraron a funcionarios mexicanos corruptos. Incluso algunas tierras fueron entregadas como regalos a amigos de autoridades de México.

La Misión de San Diego de Alcalá se secularizó en 1834. En 1846, el Gobierno mexicano dio las tierras a Santiago Argüello, un comerciante de la zona, pero rápidamente la misión quedó en ruinas.

El control de México sobre Alta California no duró mucho. En 1840, los pobladores americanos de California solicitaron al Gobierno de Estados Unidos permitir que California fuese un estado. Las tropas americanas comenzaron a luchar contra los mexicanos por el control de la tierra, y en 1850, después de un período de batallas, California se convirtió en un estado de Estados Unidos. Entre 1853 y 1858, la Misión de San Diego de Alcalá se usó como base para las tropas estadounidenses.

Entre 1850 y 1860, la Comisión Federal de Tierras de Estados Unidos (Federal Land Commission) trató de devolver las tierras de la misión a la Iglesia católica romana. En 1862, el presidente Abraham Lincoln firmó una proclamación que restablecía 22 acres (8.9 hectáreas) del complejo original de la Misión de San Diego de Alcalá a la Iglesia católica.

La Misión de San Diego de Alcalá, captada en este dibujo de 1889 por Seth C. Jones, vio sus tierras (ilustradas a la derecha) devueltas a la Iglesia católica en 1862.

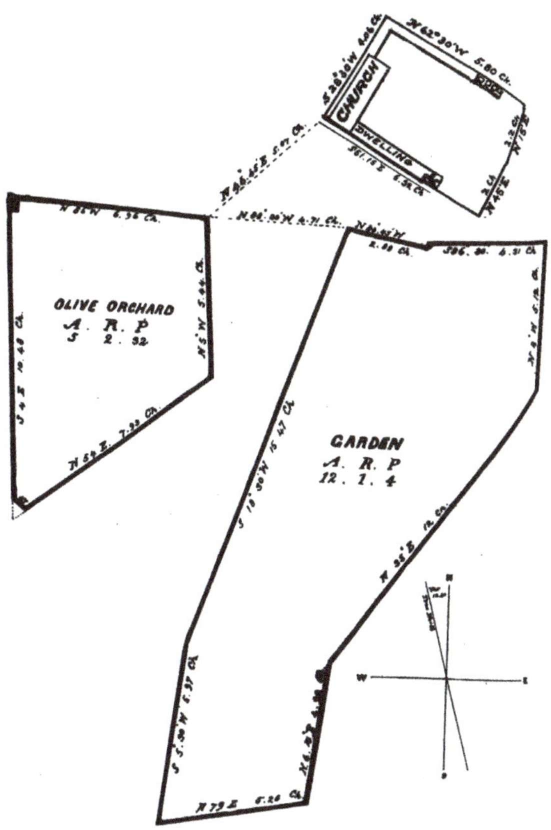

Actualmente, la Misión de San Diego ha sido restaurada y aún sirve a la comunidad del lugar.

9
La misión en la actualidad

A finales del siglo XIX y mediados del siglo XX, la Misión de San Diego de Alcalá experimentó varias restauraciones que le devolvieron la belleza que puede observarse en la actualidad.

RESTAURACIÓN DE LA MISIÓN

Aproximadamente en 1890, fray Anthony Dominic Ubach comenzó a realizar esfuerzos para restaurar la Misión de San Diego de Alcalá. Amado por muchos, era un líder devoto de la fe católica. Atendió y defendió a los nativos de la región. Cuando llegó a la misión, solo quedaba en pie la entrada de la iglesia. Fray Ubach se dio cuenta de que la estructura se estaba viniendo abajo y decidió hacer algo. Bajo su batuta, una orden religiosa de monjas construyó en la misión un colegio para los niños nativos, el cual funcionó durante diecisiete años. Muchas de las edificaciones y objetos de la misión, como las campanas, fueron restaurados durante su dirección.

LEGADO DE LAS MISIONES

La Misión de San Diego de Alcalá, ya restaurada, presta servicio a la comunidad como iglesia y centro histórico. Está abierta a los turistas todo el año y la iglesia atiende a muchas familias de la zona. A finales de la década de los años sesenta, el Dr. Raymond Brandes, arqueólogo, y estudiantes de la Universidad de San Diego **excavaron** el lugar para

La excavación realizada en la década de los años sesenta en los terrenos de la misión desenterró muchos objetos que ahora son parte del Museo de Jaymé y de las instalaciones de la misión.

buscar objetos y las fundaciones originales.

Uno de los principales elementos descubiertos en ese tiempo, y que ahora se exhibe en la misión, son las dependencias de fray Junípero Serra, que han sido restauradas como eran originalmente. En 1976, la iglesia de la misión recibió el título de *basílica menor*, un alto honor concedido por el papa católico. En la actualidad, la misión ofrece a los visitantes la oportunidad de observar muchos objetos en el Museo de fray Jaymé y en sus terrenos.

El legado de la producción agrícola iniciada por los misioneros ha continuado durante más de dos siglos, lo que ha hecho de California el estado más productivo de los Estados Unidos. La ciudad de San Diego, que fue fundada en las adyacencias de San Diego de Alcalá, ha crecido hasta llegar a ser una ciudad próspera y es ahora la segunda más poblada del estado más grande del país. Hoy, la misión se yergue como un testimonio perdurable ante las dificultades de construir la California moderna, y de las vidas y culturas que cambiaron para siempre a lo largo de los años. La Misión de San Diego de Alcalá, junto con las otras veinte misiones, sigue siendo el recuerdo perdurable de los triunfos y dificultades que dieron forma a la historia de California.

10
Haz una maqueta de la misión

Para hacer tu propia maqueta de la Misión de San Diego de Alcalá, necesitas:

- cartón (marrón)
- papel de construcción (rojo y verde)
- pegamento
- cinta adhesiva
- campanas en miniatura (5)
- árboles y flores en miniatura
- pintura (marrón rojizo)
- lápiz
- pasta *penne*
- tijeras
- mondadientes
- cartón blanco

INSTRUCCIONES

Se recomienda la supervisión de un adulto.

Paso 1: Corta un trozo de 22" × 16" (55.9 × 40.6 cm) de cartón marrón para la base del complejo de la misión.

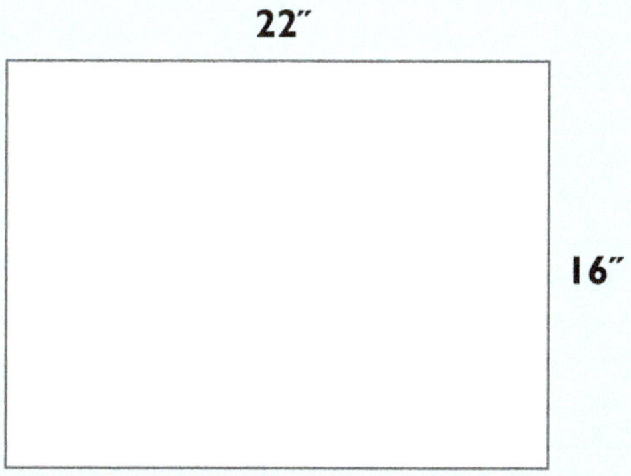

Paso 2: Para hacer las paredes laterales de las dependencias de los frailes, corta dos trozos de cartón blanco que midan 16" × 3" (40.6 × 7.6 cm).

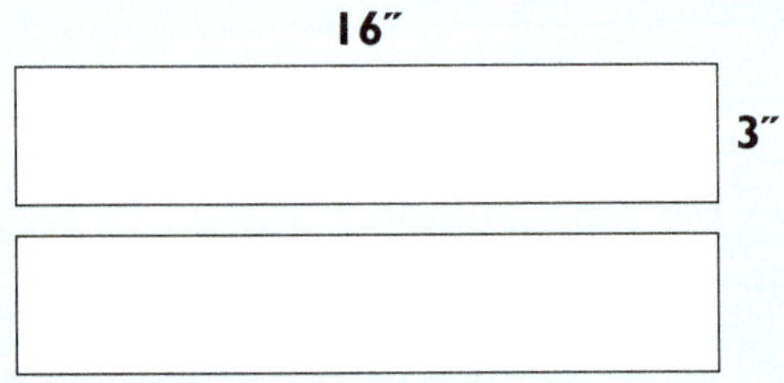

Paso 3: Corta dos trozos de cartón blanco que midan 3½" × 5" (8.9 × 12.7 cm). Corta las esquinas superiores de cada trozo con forma puntiaguda, con paredes que midan 3" (7.6 cm).

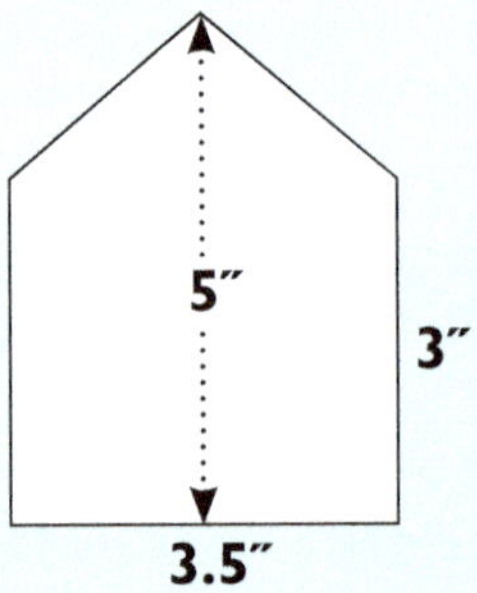

Paso 4: Pega estos cuatro trozos para formar la edificación. Une con cinta las esquinas de todas las paredes.

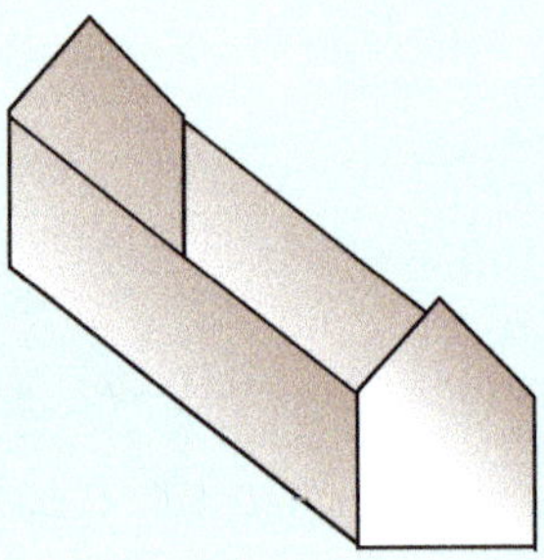

Paso 5: Dibuja y luego corta un rectángulo en el cartón que mida 12½" × 3" (31.8 × 7.6 cm). Pégalo a uno de los extremos de las dependencias de los frailes. Deja que se seque. Esta es la pared posterior del patio interior.

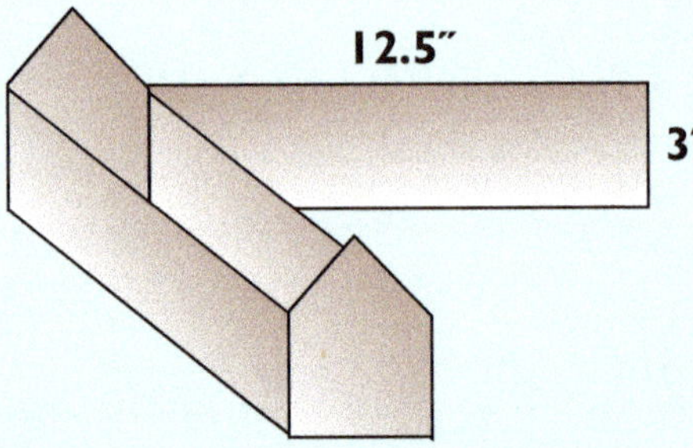

Paso 6: Corta un trozo de cartón de 11" × 3" (27.9 × 7.6 cm). Pégalo a la pared posterior para formar así el tercer lado del patio interior.

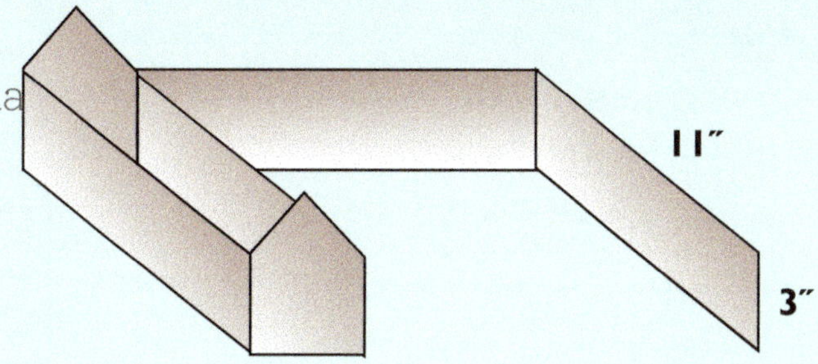

Paso 7: Para hacer la fachada de la iglesia, corta un trozo de cartón que mida 8" × 9" (20.3 × 22.9 cm). Corta de forma ondulada la parte superior. Dibuja y luego corta una ventana.

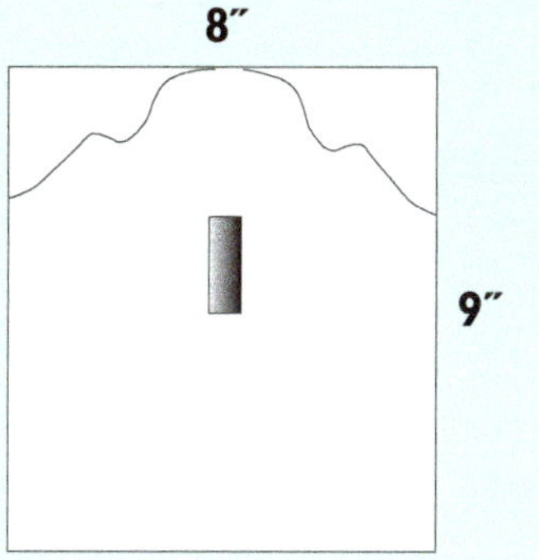

Paso 8: Para hacer la pared del campanario, corta un trozo de cartón que mida 4 ½" × 11" (11.4 × 27.9 cm). Corta la parte superior con forma redondeada.

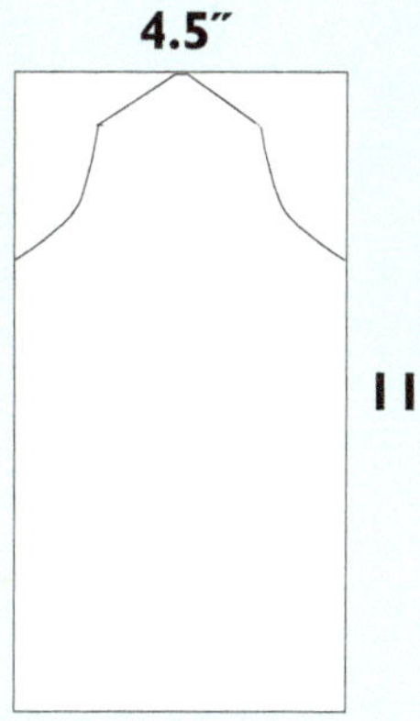

Paso 9: En la pared del campanario, dibuja y corta cinco aberturas para las campanas. Pasa los mondadientes a través de los orificios de las campanas y pégalos con cinta por detrás de las aberturas.

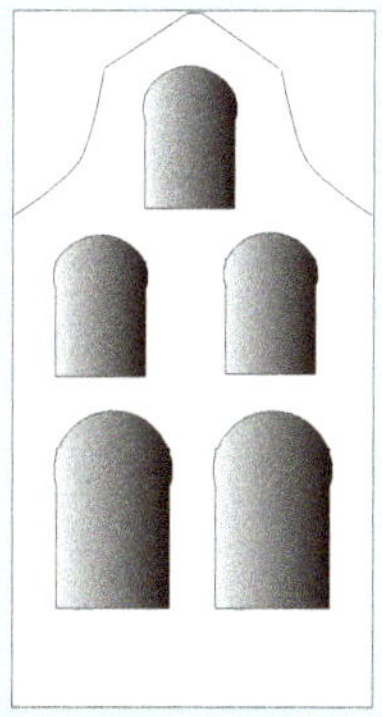

Paso 10: Pega con cinta la fachada de la iglesia al borde de la pared del patio interior. Pega con cinta la pared del campanario que está a un lado.

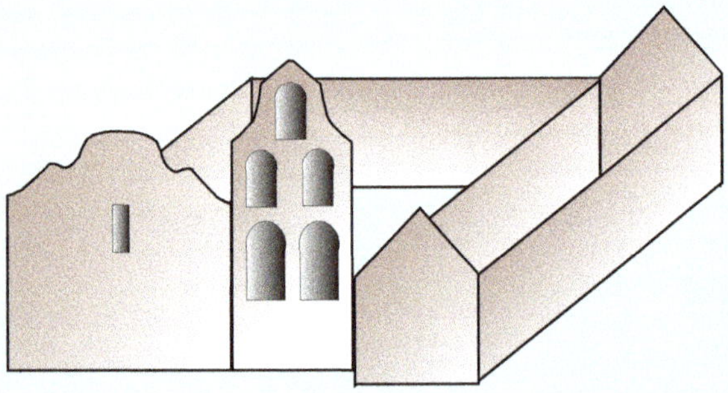

Paso 11: Para el techo de las dependencias de los frailes, corta un trozo de cartón que mida 16" ×5½" (40.6 × 14 cm). Dóblalo por la mitad a lo largo y pégalo a la edificación. Deja que se seque.

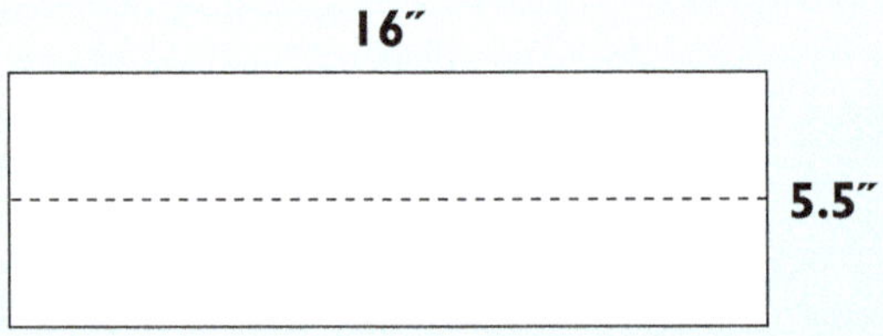

Paso 12: Pega trozos de pasta en el techo en filas ordenadas. Deja que se seque. A continuación, pinta la pasta de marrón rojizo.

Paso 13: Dibuja y luego corta una puerta para la iglesia en el cartón marrón y pégala debajo de la ventana. Deja que se seque.

Paso 14: Pega dos mondadientes detrás de la ventana de la iglesia en forma de cruz.

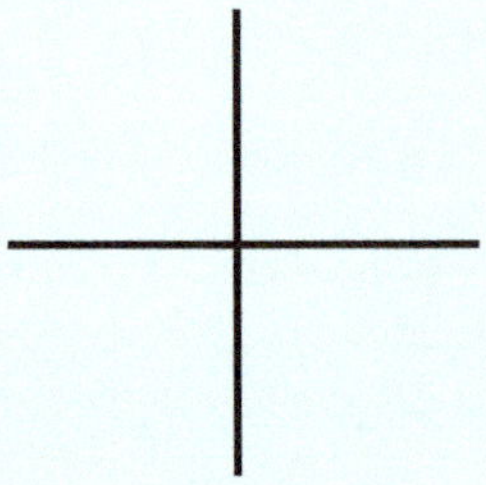

Paso 15: Cubre con papel rojo la fachada de la iglesia y la pared del campanario. Cubre con papel verde la parte interna del patio interior. Coloca los árboles y flores para decorar los terrenos de la misión.

Maqueta de la Misión de San Diego ya terminada.

Fechas clave en la historia de las Misiones

1492	Cristóbal Colón llega a las Indias Occidentales
1542	Expedición de Cabrillo a California
1602	Sebastián Vizcaíno navega hacia California
1713	Nace fray Junípero Serra
1769	Fundación de San Diego de Alcalá
1770	Fundación de San Carlos Borromeo del Río Carmelo
1771	Fundación de San Antonio de Padua y San Gabriel Arcángel
1772	Fundación de San Luis Obispo de Tolosa
1775-76	Fundación de San Juan Capistrano
1776	Fundación de San Francisco de Asís
1776	Se firma la Declaración de Independencia

1777 Fundación de Santa Clara de Asís

1782 Fundación de San Buenaventura

1784 Muere fray Serra

1786 Fundación de Santa Bárbara

1787 Fundación de La Purísima Concepción

1791 Fundación de Santa Cruz y Nuestra Señora de la Soledad

1797 Fundación de San José, San Juan Bautista, San Miguel Arcángel y San Fernando Rey de España

1798 Fundación de San Luis Rey de Francia

1804 Fundación de Santa Inés

1817 Fundación de San Rafael Arcángel

1823 Fundación de San Francisco Solano

1833 México aprueba la Ley de Secularización

1848 Se descubren yacimientos de oro en el norte de California

1850 California se convierte en el trigésimo primer estado

Glosario

acueducto. Zanja hecha por el hombre que lleva agua, generalmente recorriendo grandes distancias, desde una fuente a otra.

adobe. Ladrillo hecho de lodo y paja secos.

convertirse. Cambiar de creencias religiosas.

día festivo. Día en la religión católica que celebra un santo determinado.

excavar. Desenterrar ruinas antiguas y buscar objetos del pasado.

neófito. Persona que se ha convertido a otra religión.

paja. Atado de ramitas, pasto y corteza.

patio interior. Cuadrado en el centro de una misión que está rodeado por cuatro edificaciones.

piel. La piel de un animal.

ritual. Parte de una ceremonia oficial o religiosa.

sistema de riego. Senderos hechos por el hombre desde una fuente de agua hasta un lugar destinado para regar una zona.

secularización. Acción de devolver el control de las tierras de las misiones a los nativos americanos.

Guía de pronunciación

atole (ah-TOH-lay)

campanario (kam-pan-NAH-ree-oh)

carretas (kah-RAY-tahs)

fray (FRAY)

Kumeyaay (KOOM-yaay)

pozole (poh-SOH-lay)

siesta (see-EHS-tah)

Para mayor información

Para conocer más sobre las misiones de California, puedes consultar estos libros y páginas web.

LIBROS

Gray-Kanatiiosh, Barbara A. *Kumeyaay*. Edina, MN: ABDO, 2006.

Hackel, Stephen W. *Junípero Serra: California's Founding Father*. New York, NY: Hill and Wang, 2013.

Leffingwell, Randy, and Alastair Worden. *California Missions and Presidios*. St. Paul, MN: Voyageur Press, 2005.

Young, Stanley, Melba Levick, and Sally B. Woodbridge. *The Missions of California*. San Francisco, CA: Chronicle Books, 2004.

SITIOS DE INTERNET

California History & Culture Conservancy
www.historyandculture.com/chcc/presidio1.html

Disfruta de un recorrido fotográfico, explora Presidio Park y compáralo con su pasado. Descubre el primer campamento militar de la Costa Oeste y entérate de cómo el Imperio español estableció una fortaleza que luego se convirtió en la ciudad de San Diego.

California Missions Foundation
www.californiamissionsfoundation.org

Explora El Camino Real que va desde San Diego hasta Sonoma y conoce las estructuras más antiguas que aún existen en el estado de California.

California Missions Resource Center
www.missionscalifornia.com

Aprovecha este vasto y único recurso y encuentra información sobre la historia de las veintiuna misiones de California. Entérate de fechas clave y acontecimientos importantes.

La historia de los *kumiai*
www.kumeyaay.info/history

Descubre las pruebas de que los *kumiai* han vivido en el gran San Diego y norte de Baja California, México, durante más de doce mil años. Mira las fotografías y entra en los enlaces que te llevarán a otros lugares históricos de San Diego.

Página web oficial de la Misión de San Diego de Alcalá
www.missionsandiego.com

Aprende más de la historia de la Misión de San Diego de Alcalá, mira fotografías detalladas o reserva una visita por la misión.

Índice de términos

Los números de página en **negrita** son ilustraciones.